poesía Hiperión, 147
JOSÉ LUIS V. FERRIS
NIEBLA FIRME

Foto Francisco Barcelona

JOSÉ LUIS V. FERRIS

NIEBLA FIRME

Hiperión

poesía Hiperión
Colección dirigida por Jesús Munárriz
Diseño gráfico: Equipo 109
Ilustración de cubierta: M. Feldbauer (1901)

© *Copyright* José Luis V. Ferris, 1989
Derechos de edición reservados:
EDICIONES HIPERIÓN, S.L.
Salustiano Olózaga, 14   28001 Madrid   Tfno.: (91) 401 02 34
ISBN: 84-7517-276-8   Depósito legal: A-678-1989
Gráficas Antar, S. L.   Capricornio, 1   03006–Alicante
IMPRESO EN ESPAÑA — *PRINTED IN SPAIN*

Ninguna parte de esta publicación, incluido el diseño de la cubierta, puede ser reproducida, almacenada o transmitida en manera alguna ni por ningún medio, ya sea eléctrico, químico, mecánico, óptico, de grabación o de fotocopia, sin permiso escrito del editor.

A María Antonia

I

UN CUERPO ENTRE LAS HOJAS

> recojo mis fragmentos uno a uno
> y prosigo sin cuerpo, busco a tientas
> OCTAVIO PAZ

> esta niebla que estoy acariciando como frente.
> V. ALEIXANDRE

EXTRAÑA LASITUD DE LA TERNURA

Y cómo no decirte que ha sido puntual la incertidumbre,
que ha brotado en noviembre un rosal calcinado,
que no te sienta bien el abandono
ni aquella blusa oscura
que me recuerda mucho la sombra de los tristes.

                Y cómo no contarlo
o cómo no decirte que no tiene sentido la indolencia,
que rozo tus rodillas para invocar un reino
y comprobar el clima sereno de las cosas.

No te ha cambiado apenas la intriga de ese labio,
el rótulo encendido,

la versión que del mundo han glosado tus ojos.

Si vienes a altas horas
comprende este desorden de abrazos por la casa.
Hay días que camino los últimos paseos
y corro hacia esos trenes que vuelven extenuados
de una vasta región donde los besos
se hacinan y se pudren sin destellar en nadie.

Apenas has cambiado
y es fácil descifrar bajo tu blusa
aquella doble cita que aplazamos
por no sé qué motivos contrarios a la lógica.

Si lo he entendido bien,
si no me engaña ahora la extraña lasitud de la ternura,
lo que ha quedado a salvo de tanta incertidumbre
ha sido este desorden fundado por nosotros
en medio de noviembre.
      Y cómo no decirlo.

TODO ERA JUNIO

I

Asumes la humedad si a oscuras te la nombro
y aquellos senos leves que suenan como vidrio
se tornan peces hondos y ráfagas y espigas
perpetrando en mis labios su victoria inminente.

Te entiendo como nunca
pero es tarde, mi amor, es ya muy tarde
para andar pleiteando con el día
y dejar que su arcángel nos delate,
para hundirnos desnudos en la brisa sin que apenas
se abrumen las estatuas,
sin que el aire conspire en nuestro aliento
y marque urgentemente el número del mundo

o la sombra descubra
esa cinta amarilla que condensa
este amor o su historia.

      Aquí, entre el deseo,
en la fija encrucijada que asilaron tus ingles,
donde la lluvia hunde la humedad de sus pájaros
o la noche congrega, paciente, la negrura,
beberemos despacio nuestros mares perdidos.

No esperes que la vida de nuevo nos perdone
si adquirimos la forma de un bosque aún no descrito
en tanto que la fiebre duplica bajo el cielo
la codicia terrena,
la sed de nuestras bocas —oh, animales recíprocos—
traficando en secreto con besos o metales.

Yo he sido el habitante más triste de tu cuerpo.

II

Yo he sido el habitante más triste de tu cuerpo,
el que odiaba las leyes de los dioses absurdos.
He sido aquel muchacho que comía en tus ojos
fragmentos de ternura hasta dolernos.

Pero es tarde, amor mío, es algo tarde
para echarnos en junio con la misma impaciencia
y trazar una muerte
                      que dure un solo acto,
que dure una caída de pétalo desnudo
sobre el blando sudario de esos mares prohibidos.

EL SABOR DE LA HERRUMBRE

Todo reposa en ti con piedad derretida.
Noche adentro mi sexo
se cubre de relente,
y en tu boca, el refugio o su mortaja tierna,
la noticia que imanta
        esta lluvia terrible.

Hoy es jueves tal vez,
las cinco casi en punto de la exacta tristeza,
la vertiente suicida del ahora;
y qué importa,
oh sí, qué más importa
además de este aullido que divulga

el cuerpo en su deseo,
este duelo, esta sed
en que tus piernas, mis brazos o la vida
se ajardinan de plumas, se averiguan,
se vencen,
        flagelan cuanto tañen,
perpetran y regresan
a esa edad fugitiva donde moran
los tributos del miedo,
tu corazón redondo
y una espada extinguida oliendo como a herrumbre.

DEBAJO DE LOS SIGNOS

Dame el bálsamo carnal que no conozco.
Dame cálices y ramos
y empápalos de incendio para que nada quede.

Dame hogueras de agosto
y mitras inflamadas
que recubran mi rostro y lo profanen.

Ocúpame de aliento,
del más cálido aire que pronuncies,
del más tibio perfume,
de la herida más tierna,
del bálsamo más dulce que la noche te brinde.

ALLEGRO

> siente la mujer el eco físico del amor,
> sobre todo en los meses que no tienen erre.
>
> A<small>NTONIO</small> E<small>SPINA</small>

Te transitan la carne
mordeduras delgadas de gaviota.
Se instala un crimen en tu nuca
y desvistes el perfil incendiario del estío
con los dedos sin vida.

Comprende que ahora es el momento,
ahora la emboscada
porque un ramo de ascuas te golpea
y abate el corazón que guardas bajo palio,
porque está cerca el poniente,

su rostro de muchacho volcado hacia tus senos,
sus manos como tronos
abriéndose en los campos desnudos de la niebla,
porque temes
y te escuece el lugar que alivias cada día
con agua de calvario y nieve tuya,
porque callas el *allegro* indudable de tu sexo
                                            y te adormeces.

Te transitan la carne,
te acometen mordeduras de frío y de cicuta,
te golpean, te increpan sus labios sabiamente
y beben en tu axila
fragmentos de mundo inconquistado.

Y ahora es el momento,
ahora que llamean hipocampos oscuros en tu alcoba.

MIGRACIÓN Y REPOSO

> et qui en posera les limites ce soir?...
> SAINT-JOHN PERSE

Hago estrías en ti con estos labios
que soportan el peso migratorio de la noche,
los que trazan las rutas subterráneas
donde la carne duerme,
donde un potro encendido
desbarata las leyes y se adentra
por las vastas llanuras de la sangre.

Hago trizas las cintas que te ciñen
como un mar requerido,
como un mar elocuente cuando ostenta

su piedra vegetal contra las cimas,
y tu cuerpo
es todo un desembarco de aromas ignorados.

No soy dueño de nada si me acechas.
No hay serpiente ni tallo que venga a perturbar
el momento en que clavas, certera, entre mis ingles
la cifra candente
                de tu lágrima sola,
el momento fatal en que tu lengua,
con su hoja blandísima, su savia flagelante,
improvisa en mi nuca un oasis nupcial
en donde un pájaro
que atraviesa el encaje
y las lentas galerías del invierno
vendrá para morir hacia la tarde.

Pero aún queda un perfume que no supimos nunca
descifrar sin destruirnos.
Crujen plumas oscuras.
                      La sed nos impacienta.
La blanca cuartilla de tu pómulo frío
me dice que es la hora
de bebernos de golpe la memoria
y talar toda esa niebla
que impide ver la luna
                      lamiéndose en silencio.

Te poseo,
hago estrías en ti con estos labios,
desenlazo los cabos que te amarran
y trasmigra la noche en sus aves centrífugas.

ESCORZO

Alguien puso pereza en nuestros hombros
como copos de luna detenida.

Ese modo solemne de insinuarte.

Detrás de alguna mesa,
la cruel docilidad de quien espera
consciente de que el mundo
dejará en cualquier momento
de ser un trago amable.

CUANDO TUS PIES Y LOS MÍOS, BURLÁNDOSE DE TODOS Y DEL MUNDO, DEBAJO DE UNA MESA, SECRETAMENTE, EMPRENDEN LA BATALLA

Hay combates que invocan, sin querer, el silencio,
que apenas sí levantan breves muros de polvo,
mutilados recuerdos de una niebla vencida
y la espesa tristeza detenida en la sangre.

Arriba nada ocurre. Los rostros y las manos
confirman ese amable transcurrir de las cosas;
no hay enjambre ni miedo, tan sólo la certeza
de que el mundo nos mira de un modo indiferente.

Pero aquí, en este fondo, sobre el suelo, la vida,
tus pies sobre los míos, como un labio secreto,
se extenúan a solas en la misma batalla
sin respetar fronteras, ni márgenes, ni códigos.

DE NUEVO ENTONCES

Se avecina el miedo invertido de los ángeles.

Sé que buscas el código de la noche cerrada,
que no entiendes su rostro,
que se tiñen de claves párpados y labio
y un fragmento de río se te posa en las ingles.

Ya no estamos desnudos y apenas queda enigma:
el olor de los cuerpos,
el sitio que condensa la fiebre y sus anales,
lo inhóspito de ambos.

Contempla el friso de la noche cerrada.

Se avecina el miedo invertido de los ángeles
y amamos en lo oscuro
                         un pedazo de ausencia
como una prenda íntima blindada entre ruinas.

DECLARACIÓN DE INTENCIONES

Para Luis Bonmatí

Y puede que sea fácil
cerrar con cuatro llaves el asombro,
cambiar de indumentaria
—y de costumbre acaso—
fumar un poco menos y esperar
que tu paso se vuelva algo más dócil,
      que el labio se serene
y sea posible
—es sólo un suponer—
apartarte del tiempo, oscuramente,
y bajarme por fin en la próxima mirada.

ÚLTIMA GUARDIA

Para Galo

Haz tuyo este aquelarre de vencidos pájaros
y predica el asombro que incubaron sus alas.

Haz tuyo este tiempo sin sorpresa en las horas,
sin apenas cuerpos que vencer
ni láudano que inunde el gesto de los labios.

Calla el bosque su carbón y su signo
como el mar el ciclo de las algas voraces,
su piedra congregada,
el cofre donde mora el filtro boreal de las tormentas.

Sin embargo, lo sabes
y apenas te conmueven sus apagadas crines.

Haz tuyo lo escrito,
la fatal caligrafía del cianuro
segregado entre espejos,
los fusiles sollozo, el estribo
y esa torre de angustia que la noche no dicta.

Haz tuyo este tiempo sin jardín ni cintura,
del incienso dormido
en mitad de la sangre
y aquella muerte lenta tapiándonos el labio.

II

EL CÍRCULO EN LA NIEBLA

> La luz no venía ya de arriba,
> estaba suspendida en sí misma.
> H. Broch

> ¡Alumbra, alumbra! Hazme más contemplado
> entre las estrellas. Pues me desvanezco.
> R. M. Rilke

I

Fue tu carne el preludio más dulce del desastre.

El aire es todo íntimo
y lo acojo en su acecho por morada;
no aquel ábrego que rueda
                            agrio y lento
por largas avenidas,
que trepa los collados,
las vértebras del día y el ramaje,
sino el aire contenido entre ruinas
como bálsamo que duerme a los que aman.

Allí, la carne y la desdicha,

los grávidos dominios del cuerpo aniquilado.

Comprende, mi amor, que aquello era la vida
y este trono de escombros, lo ameno y lo vacío.

Acuérdate de junio.
Tu cabeza, rizadamente mansa,
era un trago de mar a punto de extinguirse
que besaba despacio,
                    el labio entre los pliegues,
corza húmeda y húmedo gemido.

Si ahora me llamaras
te lamería el corazón hasta acabarlo
y habría que apurar la noche entera
y clausurar sin prisa el aire que nos cubre.

II

Porque entonces el agua era el consuelo,
un prodigio de tarde inacabada
bajo la púa erecta del poniente
y la rosa de arena desvalida.

Porque entonces el mar era un conjuro
que apuramos de un trago, de un sollozo,
plata antigua,
             negro lomo extendido hasta el no-límite
con bruñido de yegua y noche helada.

(Sabrás por el invierno
que nos vence un perfume tan viejo como el mundo,

que este beso sin rostro
no es otro que la vida,
que al punto del remanso se levanta
el escalón caliente de la sangre
                                  y lo abrazamos
hasta el fermento frío,
hasta acallar sentinas
y el zumo claridulce de los pechos.)

Porque entonces el mar fue mansedumbre
con la quilla del aire a ras de sed,
hollándonos las ingles,
los pozos vegetales y las cimas
(la brasa y el suicidio),
sobre el lomo sin niebla de las cabalgaduras.

III

> —¿o es al revés: caer en esos ojos
> es volver a la vida verdadera?
>
> Octavio Paz

Como una muerte más que sólo desconoces
ha extendido el otoño sus misivas
por las calles sin lluvia de esta vieja ciudad
que apenas te recuerda.

No digo que sea tarde para hacer
de este vago desahucio de sábanas vacías
una larga bandera contra ti,
o regresar de nuevo a aquella estancia
donde un ángel anuncia

la llegada infeliz de la memoria.

Sólo es tarde, tal vez, si me resisto
a que una aguja oponga su helada deslealtad
contra mi sangre
                     después de confesar
públicamente
que este bosque herrumbroso de nosotros
lo incendiaron tus ojos de un modo irreverente.

IV

*A Carlos y Bea,
y, por supuesto, a Mina*

Sobre el lomo sin niebla de las cabalgaduras,
sobre el feroz invierno
—tríptico de sangre, ceremonia y piel reciente—
te propongo una huida hacia el don de la tormenta
y ese bosque tan triste a donde encalla el agua.

Junto al labio morado de la herrumbre,
sobre el lomo navío de las cabalgaduras,
trémula tú
        y marina
es tu carne el preludio más dulce del desastre.

V

> Moon over Bourbon Street
> STING

Te lamería el corazón hasta acabarlo
como un trozo de planeta robado de la noche,
las húmedas estancias
                o el crimen perpetrado
bajo el vello que blinda tu muérdago de agua,
mi boca y el asedio
de ese muslo caliente que me ofrendas.

Mientras gire la música es ebrio imaginarte,
mientras suene esta hora que nos ata,
que amordaza en los dedos la epístola impaciente,

mientras fluya la música y el Tiempo nos descubra
como un ángel profundo
                    sus aceradas alas,
mientras quede un minuto provisto de memoria,
un beso entre cenizas...,
echaremos leña a la demencia como entonces:
                    aquel lejano parque,
hace ya muchos años, bajo un farol de frío.

Febrero es un intruso que araña las ventanas
con sus ramos mojados en el undoso invierno.

Créeme,
te lamería el corazón como un veneno dulce
sin que apenas supieras por qué tanta locura,
por qué se desvanecen los signos si te toco,
la costura infinita de tus medias,
la espalda lacerada,
por qué razón la noche, la más alta criatura,
nos ha plisado el ceño detrás de la cortina,
por qué no te constelas
cuando llama la noche con su puño encharcado.

Ya no hay códigos, créeme, tan sólo es la ruina
y este disco de Sting rodando hasta el desastre
como ruedan los cuerpos en la alfombra
sin dioses que lo eviten.

Te lamería el corazón y besaría
tu médula de arco que no acaba
bajo el flujo extenuante de la música.

La aldaba de febrero golpea las ventanas
y presiento que hoy tampoco subirás a mi alcoba
por mucho que lo escriba.

Créeme,
mi mano entrona un lirio que sabe de tu ausencia
y el mar se me desmaya en la cintura
como una muerte más que sólo desconoces.

VI

De un modo irreverente y casi tierno
has dejado que abril nos devastara,
que aboliera este modo
tan mío de evitarte
cuando entornas los ojos,
cuando avanzas, muy lenta,
y es el mundo
quien emerge en tus labios sin quererlo.

Recuerdo que una tarde
acabamos jugando al abandono. Llegaban
de muy lejos
las últimas sirenas de los barcos.

Tus manos me dolían como leyes.
Afuera —jamás supimos quién—,
tal vez alguno,
doblaba en cuatro partes
la luz recién caída.
Tuvimos que hacer noche entre las ingles
hablándote del mar hasta muy tarde.
Después dijiste aquello de dejarlo,
que no te harías nunca a este desorden,
este gemir la piel
rozándose o muriendo,
y el ansia de llorar,
de estar siempre besando
aquellos dos pedazos tendidos en lo oscuro.

Fue la vida un crujido al abrazarte.

Pero este abril que llega entrando a saco,
extenuando el reposo y la desgana,
deambula como un tigre por la casa,
se refugia en mi sangre y
                  se confunde...

¿De qué me ha de servir amarte ahora,
buscarme el corazón como un zahorí
y sentir cómo golpea entre la noche
llamándote de nuevo?

Escucha aquellos barcos que zarpan con nosotros
cargados de pereza y semejanza.
Imitan nuestros pasos,
olvidan tras de sí todo un paisaje
de lirios mutilados.
No saben todavía que es el mar,
sólo este mar,
el único consuelo que nos queda,
ese largo prodigio de tarde inacabada
                    partiendo hacia el poniente.

III

VARIACIONES SOBRE CUATRO VERSOS DE JOAN-SALVAT PAPASSEIT

NO FORA MESQUÍ DE RES

Desdóblate en los brazos de la noche,
asílate en su arco de lujuria y bramido,
en su claro abecedario,
                    y acaricia en lo oscuro
ese cuerpo encallado junto a ti
con aroma de ábside y pereza.

                    Bien mirado,
tú no sabes de muslos que se izan,
ni de espuelas ni de carne;
tú no sabes de besos despeñados
ni de pánicas estancias
                    donde fluye la música

y es piedra y esquiva y leve a veces.

Tú no sabes de nada
y eres breve, tan breve como un ala,
como un día o como un sauce de agua edificado
con prisa de ciudad.

            Desdóblate, contempla
ese cuerpo tan bello que exige la mirada
y sorbe de su sombra,
destrónate de escombros, amigo batelero,
y apura lentamente
esa hoja tan dulce caída del otoño.

PLAU-LI BESAR L' AMADA SOTA LA LLUNA AL VOL

Quédate esta noche en que las sombras
se tornan espirales y me adentran,
la noche que asume y palidece,
que instaura su féretro profundo de muchacha
y se expone a perecer,

la noche como hidra,
como greyes de párpados bellísimos
agotados de sueño y de ruina,
como adelfa o trueno o sorbo oscuro,

la noche que brota y ajardina
sabiamente

       los pliegues de la carne.

Adéntrate en mi espacio
y en doradas gacelas de letargo y exilio,
en el frío y la verdina,
en el piélago lunar que nos remansa.
                              Alábate,
desnúdate despacio
y amenaza con muslos de piedad
este lado de mí desposeído,
apártame de autillos, de cepos y ronzales,
de esos torpes potrillos del instante
que poblaron mis sienes de incensarios y nombres.

Instálate en la noche que de nuevo me cubre,
instálate en lo frágil y en lo agudo,
en el flanco perfumado de este lecho
o el fosal que nos invita
a morir lentos de amor
                         por unas horas
sin nada que se salve a nuestro lado.

TANT ESTIMAVA QUE ES VESSAVA EL VEIRE

A golpes de ramos silenciosos
octubre nos cede el desconsuelo,
el mástil repentino de las horas
y el miedo a estar besando
                las oscuras sirenas de la muerte.

Dime ahora
del beso paladín caído de mis manos,
de arena confundida o
ese cielo amarillo de las nomenclaturas.
Dime ahora de engaños y de mapas,
de arcángeles tristísimos detrás de la cortina
y de mirlos abolidos

con salmos piadosos de maldad.

Octubre, auriga y aliado,
octubre de la intriga y de la acacia,
octubre del jardín y la blasfemia
cuando duele estar solo entre bastiones
y ser pábulo de lluvia
                          y estar muerto
bajo palios azules
y el mercurio encendido de la noche.

Dime ahora
en que mi alma
es un vaso de alcohol con balandros y muelles.

NOCTURN PER A ACORDIÓ

He aquí que en réplica a la noche
se escuchan las sirenas de los barcos lejanos.

Por los pozos del mar
descienden carruajes de astros y de signos.

Me fatiga el sueño de las dársenas y
esas clínicas azules donde muere el invierno.

Nos viene el abandono, la sólida quietud
de quien besa y extermina un solo labio.

Es la noche, la espada contra el agua
y una lenta fragancia de luna y extrañeza.

Contémplate de nuevo,
en tus ojos confluyen los puertos olvidados
y es hermoso morir un poco más
       debajo de la música.

ÍNDICE

Página

I
UN CUERPO ENTRE LAS HOJAS

Extraña lasitud de la ternura	11
Todo era junio	
I.	13
II.	15
El sabor de la herrumbre	16
Debajo de los signos	18
Allegro	19
Migración y reposo	21
Escorzo	24
Cuando tus pies y los míos, burlándose de todos y del mundo, debajo de una mesa, secretamente, emprenden la batalla	25
De nuevo entonces	27
Declaración de intenciones	29
Última guardia	30

página

II
EL CÍRCULO EN LA NIEBLA

I.	*Fue tu carne el preludio*	35
II.	*Porque entonces el agua era el consuelo*	37
III.	*Como una muerte más*	39
IV.	*Sobre el lomo sin niebla*	41
V.	*Te lamería el corazón hasta acabarlo*	42
VI.	*De un modo irreverente*	45

III
VARIACIONES SOBRE CUATRO VERSOS
DE JOAN-SALVAT PAPASSEIT

No fora mesquí de res	51
Plau-li besar l'amada sota la lluna al vol	53
Tant estimava que es vessava el veire	55
Nocturn per a acordió	57